U0607186

智造坊

科学的巧妙融合
跨学科学习

传统文化中的 STEAM

郝京华　王伟群　主编

化学工业出版社

·北京·

图书在版编目（CIP）数据

传统文化中的STEAM. 酿造坊/郝京华，王伟群主编. —北京：化学工业出版社，2023.6（2024.5重印）
ISBN 978-7-122-43064-9

Ⅰ.① 传⋯ Ⅱ.① 郝⋯ ② 王⋯ Ⅲ.① 科学知识-青少年读物② 中华文化-青少年读物 Ⅳ.① Z228.2② K203-49

中国国家版本馆CIP数据核字（2023）第042003号

责任编辑：郑叶琳　张焕强
文字编辑：张焕强
责任校对：宋　夏
书籍设计：尹琳琳

出版发行：化学工业出版社
　　　　　（北京市东城区青年湖南街13号 邮政编码100011）
印　　装：盛大（天津）印刷有限公司
710mm×1000mm　1/16　印张 $6\frac{3}{4}$ 字数69千字
2024年5月北京第 1 版第 2 次印刷

购书咨询：010-64518888
售后服务：010-64518899
网　　址：http://www.cip.com.cn
凡购买本书，如有缺损质量问题，本社销售中心负责调换。

定　　价：28.00元

编写人员名单

主编：郝京华　王伟群

副主编：叶　枫　方锦强

执行副主编：冯　凌

编写人员：冯　凌　芮春花　林淑鑫

前言

　　你一定知道中国古代有造纸术、印刷术、火药、指南针四大发明，它们对人类的文明发展起过非常重要的作用。但你知道吗，中国古代伟大的发明远不止这几项。我们还有长江流域河姆渡文化给我们留下的七千多年前的稻作农业文明，还有黄河流域仰韶文化给我们留下的五千多年前的绚烂的彩色陶器，还有中原殷商文化给我们留下的三千多年前的青铜冶炼技术……除了这些，我们的祖先在农学、医学、天文、历法、地学、数学、运筹学、工艺学、水利学、灾害学等领域也都取得过卓越的成就，向世界提供了丝绸、瓷器、茶叶等凝结着中华民族心智和汗水的技术产品，也给地球留下了雄伟的万里长城、绵延的大运河、无数雄伟壮丽的宫殿、巧夺天工的桥梁、诗意盎然的园林……

　　绵延不断的悠久历史，积淀了深厚的中华文化；中国古代的科技发明犹如璀璨的明珠，在历史发展中熠熠生辉。

　　《传统文化中的 STEAM》选取了若干与古代科技有密切关系的物化的传统文化项目，编辑成 9 个分册，包括《书印坊》《玩具坊》《染料坊》《兵器坊》《造船坊》《酿造坊》《烧造坊》《建造坊》《计量坊》等等。

　　每册书包括 6 ~ 8 个主题，每一个主题包括四个内容版块，即探文化之源、践古人之行、析科技内涵、观后续发展。

　　探文化之源版块主要介绍该科技用品的结构、用法、历史及对社会、经济、文化等方面的影响。践古人之行版块提供了动手做的器材和步骤，编者希望读者在过 DIY（自己动手做）瘾的同时，能更深层次地领略古人的智慧。析科技内涵重点在解析这些科技用品中蕴含的科学原理。中华先民当时是凭经验做出这些科技用品的，可能并不清楚其中的科学原理，析科技内涵这一版块可以为我们解密。观后续发展交代的是该科技用品现在的命运：它们中有的还在沿用，如风筝、都江堰，有的则进了博物馆，如陶器、雕版。无论如何，龙的传人都应该铭记我们先民曾经有过的辉煌。

酿造，《辞海》中对其的解释是"利用微生物发酵作用制造各种发酵食品的方法。主要用于酒类、酱油、醋、酱类、咸菜、泡菜等的制造"。本分册包括酒、醋、酱与酱油等8个部分。对它们的文化起源、科技内涵和后续发展进行了通俗易懂、深入浅出的阐述。全书图文并茂，还专门设计了动手实践的环节，在阅读的同时还可以尝试，具有一定的知识性和趣味性。

中华优秀传统文化是"中华民族的基因"，是"民族文化血脉"，是"民族精神命脉"。多了解一些中国优秀传统文化及其蕴含的科学，你一定会为我们先人的智慧折服，你也一定能更好地理解上下五千年中华民族生生不息、屹立世界东方的道理。中华优秀传统文化是我们民族自信的水之源，木之本。少年强则国强，希望你通过对传统文化的 STEAM 学习，吸收文化养分，激发创造潜能，提高民族自信。未来是你们的！

目录

酒

你喝过或闻过酒吗？也许你会说：酒那么辣，怎么可能喝？你说的可能是白酒。其实，酒有很多种类。

白酒

黄酒

葡萄酒

啤酒

米酒

药酒

酒酿也是酒哦！

中国是世界上最早发明酿酒技术的国家之一。考古研究表明，公元前7000年左右，我们的先民就已经学会酿酒了。也许是受腐烂水果会变成酒的启发，农耕时代的先民有意识地用发霉的谷物制成酒曲，再用酒曲、粮食酿制成酒。古籍《齐民要术》记载了酿酒的全过程，影响至今。

1. 拌料

2. 蒸煮

3. 摊晾

4. 制曲

5. 发酵

6. 蒸馏

7. 装坛

酒曲的制作工艺，开启了微生物工程的先河，是我们先民的一项伟大发明。国外有学者认为：中国发明酒曲酿酒，其影响之大，堪与中国的四大发明相比！

粮食酿酒

酒的出现，使人们的饮食更为多样。有人喜欢酒的独特滋味，有人享受酒带来的兴奋感觉。酒也丰富了人们的精神生活。画家笔下的喝酒情境情趣盎然；诗人们也借酒抒发不同的内心情感，或忧愁或壮行，或相思或离别，给人们留下了众多的美好诗篇。

刘一霖画作《山居》

《短歌行》

曹操

对酒当歌，人生几何？

譬如朝露，去日苦多。

慨当以慷，忧思难忘。

何以解忧？唯有杜康。

《铁沟行赠乔太博》

苏轼

荒村野店亦何有，

欲发狂言须斗酒。

山头落日侧金盆，

倒着接？搔白首。

《苏幕遮·怀旧》

范仲淹

黯乡魂，追旅思，

夜夜除非，好梦留人睡。

明月楼高休独倚，

酒入愁肠，化作相思泪。

《送元二使安西》

王维

渭城朝雨浥轻尘，

客舍青青柳色新。

劝君更尽一杯酒，

西出阳关无故人。

当然，中国的传统文化中还包括许多关于酒的典故。

李白是著名的唐朝诗人，被后人称为"诗仙"。李白爱饮酒，传说李白饮酒一斗，可赋诗百篇，故有"李白斗酒诗百篇"之说。

在北宋乾德年间，宋太祖赵匡胤为了加强中央集权，避免下属将领起兵夺权，就通过酒宴的方式，要求高级将领交出兵权，后人称之为"杯酒释兵权"。

　　"武松打虎"的故事也与酒有关哦!《水浒传》中,武松在上景阳冈之前,在山下的小酒馆里连喝了十八碗酒之后,醉醺醺地上了景阳冈,最后打死老虎扬名天下。

各地的名酒也都有自己独特、有趣的故事。

"女儿红"是浙江绍兴名酒。当地的民间习俗是，父母生了女儿后，都会酿一坛黄酒深埋在地下，等到女儿出嫁时再挖出来迎亲待客。

"烧刀子"是东北最著名的酒品佳酿，号称"烈酒之王"。当进入寒冷的冬季时，东北人都要喝烈酒取暖。甚至有人说，没喝过"烧刀子"，都不敢说自己是东北人。

想不想自己动手酿一次甜米酒？按照下面的步骤，就可以实现你的愿望。

1 浸米

取糯米500克洗干净，根据气温等条件浸泡5～24小时，浸泡至手指能碾碎。

2 蒸制

将浸泡好的糯米沥干水后放入蒸锅，蒸熟，大约需要30分钟。

3 降温

将蒸熟的糯米饭摊开，用冷开水淋沥降温，使糯米饭降至40摄氏度左右，用手感受不烫即可。

4 拌曲

取酒曲粉约2克撒入摊凉的糯米饭中，再加入适量冷开水，将酒曲和米饭搅拌均匀。

5 装罐
将拌好的糯米饭装入干净的容器，用筷子在糯米饭中央戳一个见底的小洞，便于观察出酒情况。

6 密封发酵
用保鲜膜或者密封盖将糯米饭密封好，放至温暖的环境下发酵约36小时，待有酒香味溢出时米酒就制成了。

　　想要酿制成功率更高，还需要把握酿酒过程中的几个关键点。

　　例如，酒曲粉可在超市购买，根据说明书适当灵活取量，不宜过多；器皿要清洗干净，并蒸煮消毒，充分冷却沥干后再使用；拌曲时需用凉开水，不可使用自来水；发酵过程中的温度应该控制在30摄氏度左右。（冬天气温低时，发酵时间需要长一些；夏天气温高时，发酵时间可以短一些。）

析

科技内涵

酒曲的作用

酿酒一定要加入酒曲。酒曲里含有大量活的微生物，如霉菌、乳酸菌、酵母菌等，还有微生物所分泌的酶(淀粉酶、糖化酶和蛋白酶等)。谷物中拌入酒曲后，在适宜的温度、湿度条件下，这些微生物大量繁殖，将谷物中的淀粉、蛋白质分解成糖、氨基酸。此外，微生物在繁殖过程中还会释放出生物催化酶，这些酶会加速谷物的分解，让糖进一步分解成酒精。

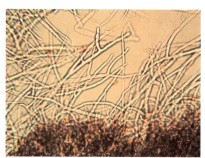

显微镜下的霉菌

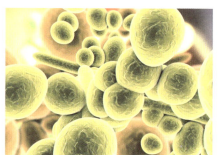

显微镜下的酵母菌

白酒酒香的来源

为什么白酒酿造的基本原理相同，却有各种不同的酒香味呢?原来，在白酒中除了酒精之外，还含有乙酸乙酯、乳酸乙酯、丁酸乙酯、异丁醇、异戊醇等各种酯类和醇类等物质。这些物质是白酒生香的主要成分。由于原料的质地、微生物的菌种、发酵条件的不同，在酿出的酒中，这些物质的含量有所差异，就形成了清香、浓香、米香、酱香等各种香型。例如，我国八大名酒之一的山西汾酒，它的芳香成分主要是乙酸乙酯和乳酸乙酯，这两种酯相互结合，形成了汾酒独特的清香型特点。古井贡酒和五粮液，它们的酒香成分主要是乙酸乙酯和过量的丁酸乙酯，形成的是浓香型特点。广西的湘山酒和三花酒，乳酸乙酯、异戊醇和异丁醇的含量较大，呈现出米香型的特点。

酒的蒸馏技术原理

酿制酒是通过过滤和沉淀，将酒液分离出来的，这时的酒液里含有大量的水，因此，酒精的含量较低，也就是我们常说的酒的度数低，一般在10 ~ 20度之间。

泡在酒卤中的酒酿

为了获得更高酒精含量的酒，人们在酿制基础上添加了蒸馏的环节。这是利用了酒精的沸点（78℃）比水的沸点（100℃）低的特点，将酿制出的酒液加热到酒精的沸点与水的沸点之间，让酒精汽化成气体，然后在上升过程中受冷凝结成液体。这个过程称为蒸馏。经过蒸馏，酒的度数大为提高，可以达到50～60度。如果精密控制汽化温度的话，甚至可以得到90多度的酒精。

添加冷水

天锅

出热水

甑桶

分段取酒

出酒

酒的蒸馏

酒在当今的生活和生产中仍然占有重要的一席之地，并随着研究的深入而不断发展。

深入了解酒的功效

现代科学研究表明，酒能使全身组织，特别是动脉血管平滑肌松弛和扩张，增强血液循环，暖身御寒，不易发生动脉硬化，可用于养生与医疗。如饮适量的红酒不仅对失眠症者有助眠作用，还有清除体内自由基、抗衰老和美容养颜的功效。

重组新型酿酒酵母

近年来，美国、日本、巴西、加拿大、丹麦和我国的研究人员利用重组DNA技术，将各种来源的淀粉酶基因引入酵母菌中，不再需要经过把淀粉糖化成葡萄糖的过程，新型酵母菌能直接应用于淀粉发酵，生产乙醇和含酒精饮料。

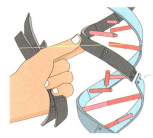

酿酒工艺现代化转型

近年来，白酒行业注重酿造工艺和生产机械的转型与创新，着力降低工人劳动强度、生产成本，减少过程杂菌和异物的污染，提高生产效率和产品的安全性，推动行业从粗放式生产向机械化、智能化、自动化、信息化等生产方式的转变，提升行业经济效益。

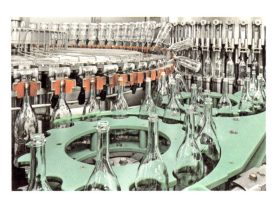

白酒自动灌装生产线

酒类新品种不断出现

新生代的消费者，正逐渐远离口感辛辣浓烈的传统白酒。为了满足消费者日益提高的个性需求和健康意识，白酒行业曾掀起一阵"降度"变革，并逐渐赢得市场的认可。

"时尚白酒"就是其中的代表。它是以低度白酒作为酒基，与红酒及苏打水、可乐等碳酸饮品勾兑而成。

酒精在多领域发挥作用

乙醇汽油是一种新型清洁燃料，它是由燃料乙醇与普通汽油按一定比例混配成的替代能源。乙醇汽油的应用，可以节省石油资源，减少汽车尾气对空气的污染，是世界上可再生能源的发展重点之一。

乙醇汽油　＝　10%的燃料乙醇　＋　90%的普通汽油

由粮食及各种植物纤维加工

酒精还是一种很好的有机溶剂。它能把一些有机质溶解在其中，待挥发后得到乙烯，用以生产合成橡胶、聚乙烯、聚氯乙烯等化工产品；酒精还具有杀菌作用，如75%的酒精广泛用于皮肤消毒、医疗器械消毒等。

醋

釀造坊

"酸"是一种奇妙的味道，不仅舌头能感觉到，我们的鼻子也能嗅出来。中餐里的酸味大多是由醋产生的，你喜欢吃用醋烹饪的食物吗？

酸辣汤

蘸醋的饺子

我国是世界上最早用谷物酿醋的国家，早在公元前8世纪就有了关于醋的文字记载。春秋战国时期，出现了专门酿醋的作坊。到汉代时，醋的生产已经很普遍了。南北朝时期，食醋的产量和销量都达到了一定规模。在北魏时期，中国杰出的农学家贾思勰所著的《齐民要术》中系统总结了古代劳动人民1000多年来的制醋经验和成就。书中共收录了22种制醋方法。

古人酿醋场景

"制醋先酿酒"，制醋的过程就是在酿酒的基础上进行的二次发酵。中国各地的传统酿醋在原料上多有不同，南方以糯米、粳米为主，北方以高粱和小米为主，中原以小麦为主，川陕地区多用麸皮；再加上发酵环境也有差异，醋的品种不断增多，形成了风味各异的地方醋。明末清初时，山西老陈醋、四川保宁醋、镇江香醋、福建永春老醋就已经名扬四海，并称为中国四大名醋。

谷物酿醋

二次发酵

　　人们通常会把情人之间的嫉妒情绪称为"吃醋"。你知道这个说法的由来吗？

　　据说在唐朝的时候，唐太宗要为当朝宰相房玄龄纳妾，房夫人出于"嫉妒"，就是不让。唐太宗无奈，就命令房夫人在喝毒酒和纳妾之间选择其一。没想到房夫人端起"毒酒"一饮而尽。当房夫人含泪喝完后，才发现杯中不是毒酒，而是带有甜酸香味的浓醋。从此人们便把"嫉妒"与"吃醋"联系起来了。

　　古人称醋为"苦酒"，中华传统医学就一直将醋作为药用。1700多年前，东汉末年著名医学家张仲景就在《伤寒杂病论》中论述了用苦酒汤治咽痛，及黄芪、芍药、桂枝苦酒汤治黄汗的功效。清代黄宫绣在其所著药物用书《本草求真》中也概括了醋的药用价值：可散瘀解毒、下气消食、开胃气、散水气，治心腹血气诸痛、症结痰癖、疸黄痈肿、口舌生疮等。可见醋的本领还真不小呢！

张仲景画像

李时珍画像

在生活中，醋也大有用途。

醋能减辣，也能引甜。如菜中辣味过重，加醋可减辣味；在煮甜粥时，加点醋，会使甜粥更甜。

醋能解腥、祛膻、添香。烧鱼加醋能去鱼腥，烧羊肉加醋能去羊膻味，还有些菜在烹调时加点醋，可减油腻、增香味。

醋能催熟。炖肉、炖鸡或做海带、土豆等菜时，加少量醋，易熟易烂。

醋能防黑。炒茄子时加醋，茄子不变黑。

践

古人之行

想不想自己动手酿一次大米醋？按下面的步骤，就可以实现你的愿望。

1 准备原料

将选好的大米煮熟（也可以加入少许糯米），放至冷却；将2碗米饭、2碗凉白开、3勺糖搅拌均匀；容器要事先洗净，并用开水烫过沥干。

2 密封发酵

将原料装入容器，密封，置于阴暗处，放半年。

3 静置装瓶

半年后打开容器，取出上面的液体，将下面的糟沥出。再将液体静置一晚，第二天将其表面的一层澄清液体沥出，装瓶。

4 加水醋化

在澄清液瓶中加入一勺红糖和适量凉白开，继续发酵三个月。再将液体沥清。这样，透明、香醇的米醋就可以食用了。

注意：想要酿制成功率更高，还需要把握酿醋过程中的关键点，如对需要用到的器皿、工具进行清洗，开水蒸煮，不沾油污；容器要充分冷却沥干后再使用。

析

科技内涵

酿醋离不开醋酸菌

都说"制醋先酿酒",制醋的第一步也像酿酒一样,将原料谷物蒸煮、糊化、液化及糖化后,发酵出酒精。第二步,就是在此基础上加入醋酸菌,让醋酸菌在大量繁殖的过程中,把原料中的糖、蛋白质、酒精等转变为醋酸和其他有机物,这就产生了醋的酸味与香气。

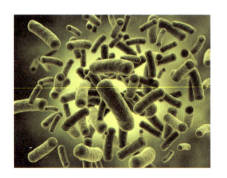

醋酸菌

翻醅发酵的原因

在醋酸发酵的十几天里,酿醋师傅们每天都要手工翻动原料,这就是在进行翻醅。你知道这是为什么吗?

原来醋酸菌是一种好氧菌,特别依赖氧气。在含有较高浓度乙醇和醋酸的环境中,醋酸菌缺乏氧气,容易死亡。通过不断翻动,可以让醋醅接触更多的空气,醋酸菌就能充分繁殖。此时香味散出,飘飘乎落入人间!

醋里含有醋酸

醋的酸味来自其含有的醋酸，醋酸具有较强腐蚀性。食醋中的醋酸含量约为3% ~ 5%，虽然含量很少，但仍具有一定的腐蚀性。过多食用，会腐蚀消化道；而少量食用稀释后的醋，则能刺激消化器官分泌大量的消化液，增进人的胃口，增强肠胃功能。

醋酸会腐蚀鸡蛋壳

观
后
续
发
展

传承历史、与时俱进的醋文化

中国四大名醋传承至今，其实还远不止这些，河南特醋、贾氏柿子醋等也名传一方。如今，为了适应现代化社会的需要，这一古老的产业在探索与创新中大放异彩。许多城市的醋产品已成为当地的经济支柱、旅游开发的主角。有些城市建立了自己的醋文化博物馆，知名品牌的传统酿醋技艺被列入"国家级非物质文化遗产"名录，有的城市还被国家相关机构授予"中国醋都"的称号；有些城市举办多届国际醋文化节，让老陈醋漂洋过海香溢全球。

积极开拓新产品

近年来，这一传统产业积极突破调味品单一功能，不断推出系列"保健醋"产品。在原料中加入一些具有保健作用的中药材提取物，如枸杞、山楂、红枣、薏米等，以适应不同人群的需求。

这些保健醋不仅在口味上更符合现代人的要求，同时还将健康的理念融入醋中，给现代人的生活增加了"健康系数"。

蜂蜜养生醋

制醋工艺新进展

现代企业逐渐利用机械化设备代替人工操作，从单一功能的翻醅机到"全自动熏醋机组"的智能机械，不断推动这一传统产业迈向工业化、智能化的进程。在整个制醋过程中，人与物料不接触，以保证物料的洁净安全。食醋产业未来发展的方向是智能酿造、品质均一。

醋与中华民族共同跨越了千年历史，醋的演变与发展对人们的生活产生了深远影响。相信随着时代的发展，它必将更有新时代的"味道"。

酱与酱油

你吃过酱或用酱做过的美味佳肴吗？咸、甜、酸、辣、鲜……一应俱全。难怪古人会说：酱者，百味之将帅也。

大葱蘸酱

酱牛肉

酱爆茄子

炸酱面

古代宴请常有酱佐餐

酱是中国古人运用发酵技术制作的食品之一。早在3000多年前的周朝就有制作酱的记载了。最早的酱是肉酱：将鲜肉剁成丁末状，分别加上米饭、曲、盐、酒等助酵提鲜的辅料，装入小坛子封存100天。制作这么费工的食物，往往只有达官贵人能享用。

豆
（古代盛放酱料等调味品的器皿）

西汉时期出现了豆酱，这种用豆和面粉为主要原料制作的酱，因其口味与肉酱相似，且更便宜，便成为百姓广为食用的佐餐用料，并被称为"中国酱"。《齐民要术》一书中记载有各种酱的制作方法，其过程均少不了下面5个环节。

1. 浸泡

2. 蒸煮

3. 拌料

4. 制曲

5. 晒酱

酱存放时间长了会冒出汁来，味道也挺不错，这可能就是最早的酱油了，当时称为"酱清"，后来演化出了专门的酿造酱油的工艺。李时珍的《本草纲目》记载了酱油的制作方法："大豆三斗，水煮糜，以面二十四斤，拌罨（yǎn）成黄，每十斤入盐八斤，井水四十斤，搅晒成油收取之。"

豆酱

面酱

　　从此，酱油成了先民重要的调味品。

天然酿晒酱油

天然酿晒酱油

酱汁酱料

　　几千年来，古代先民发明的酱和酱油，深深影响了中华民族的饮食习惯。想一想，你今天的舌尖是否从未离开过与酱汁酱料的亲密接触？"舌尖上的中国"少不了它们！

　　公元755年以后，唐朝高僧鉴真大师东渡日本，带去了酱油的酿造方法，从此，日本人不蘸酱油就不吃生鱼片。郑和下西洋时，又将酱和酱油的酿造技术带到了越南、泰国、马来西亚、菲律宾、印度、孟加拉等国。久而久之，东亚、东南亚一带形成了特有的酱饮食文化圈。

郑和像

你知道先民们是怎么鉴别不同酱油的吗？试着像古人一样，用看一看、闻一闻、尝一尝的方法，来鉴别下面三种酱油的不同吧！

鱼露（鱼酱油）

生抽

老抽

酱油种类	颜色	气味	味道	黏稠度
鱼露				
生抽				
老抽				

米曲霉

在日常生活中，霉菌总是让我们深恶痛绝，因为看到它，就会联想到"发霉了，变质了"！但是米曲霉却是传统生产酿造食品酱和酱油的有益菌种。

很多人可能对米曲霉不是很熟悉。其实，我们每天都在和这种霉菌打交道！米曲霉分布很广，主要藏在粮食、发酵食品、腐败的动植物和土壤等处；它的生长也很快，开始是白色、黄色，一段时间后转变为黄褐色至淡绿褐色。

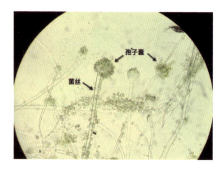

显微镜下的米曲霉

长有米曲霉的大米

搅 与 晒 的 重 要 作 用

"十日内，每日数度以耙彻底搅之"，搅酱与晒酱的重要性很早就被人们意识到了。刚开始时曲料由于吸水不足，都浮在表面，与下面的液体分离，食盐的浓度也比较低。这时存在于其中的一些不耐盐细菌就开始繁殖，长期如此，酱就会腐败、变臭。因此，搅酱的目的是使曲料尽快地与盐水混合。晒酱的目的则是去除酱中的水分，提高食盐的浓度，这样酱缸中就会产生耐盐的细菌——米曲霉，不耐盐的细菌则会被杀死。

一段时间之后，晒出的酱就会香气浓郁，味道鲜美。这时，人们就可以放心地享受这妙不可言的风味啦！

豆酱的价值

豆酱作为一种常用的调味品，不仅本身极富营养价值，而且能提高对营养素的吸收。传统中医认为豆酱有益气健脾、利湿消肿的功效，还可以用于杀毒和治疗烫伤。在《名医别录》中早有记载："杀百药、热汤及火毒。"大豆发酵后，不但能消除本身一些难闻的气味和有毒的物质，还能使大豆的蛋白质溶出，并分解成容易被人体吸收的物质，还可以消解给人体造成损害的生物碱或无机盐类，即对所谓"百毒"有抵御作用。豆酱在晒制过程中会产生一些氨基酸和维生素，对皮肤健康和毛发生长也有一定的促进作用。

观

后续发展

中国的酱文化至今还在延续和拓展。酱早已超越了普通调味品的概念，无论是新功效的发现、产品的更新，还是制作工艺的进步，都有了长足的发展。

酱 的 新 功 效

现代营养学分析发现，豆酱富含蛋白质、不饱和脂肪酸、维生素、多种矿物质和膳食纤维，经过发酵，不但B族维生素含量大幅提高，蛋白质、矿物质等营养素吸收率也更高。

以辣椒为主要原料制作的辣酱具有增进食欲、开胃助消化的作用。

科研人员发现，除了维生素C以外，番茄酱的绝大部分营养素含量都大大高于新鲜番茄。比如，番茄酱的维生素E含量是普通番茄的8倍，膳食纤维含量是普通番茄的4倍。如今，番茄酱作为一种调味品受到人们的欢迎。

辣椒酱

番茄酱

多菌种制曲发酵工艺

传统的制酱工艺多由米曲霉单一菌种制曲，酿制出的酱类风味独特，但近年来的研究发现，单一菌种制出的酱营养成分较少，口感单一。为了满足人们对酱类食品的更高要求，现代制酱采用了由米曲霉和黑曲霉多菌种混合制曲酿制工艺，从而获得更多营养丰富、口味众多的品种。

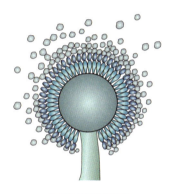

黑曲霉的模型

现代化酿造设备

传统制酱依靠自然发酵，主要问题是酱缸里杂菌多，容易造成发酵失败或者变味，也可能产生微生物毒素。而现代化发酵罐的顶部是透明玻璃，可以自动控制日晒时间；罐的下部有自动抽泵，可以自动抽取酱汁。有些发酵罐的顶部还安装了光伏板，充分利用太阳能新能源。

目前，现代化的制酱过程都由计算机控制，可以通过大屏幕进行实时监控。

酱料和酱粉

随着人们生活水平的提高和消费方式的多元化，不仅酱的品种在不断增加，还出现了许多集多种调味品为一体的、便捷的新型酱料和酱粉。

火锅底料酱

排骨腌制粉　　　　　　　　　馅料粉

　　中国酱经历数千年历史的漫长发展，不仅成就了中国饮食史和民族文化的辉煌，而且带着它的独特风味走向世界各地。这是酱的魅力，更是中华民族的骄傲。

超市里琳琅满目的酱料及酱制品

茶

你品过茶吗？有人觉得它苦涩，也有人觉得它甘甜，也许你们品尝的是不同的茶。茶可是分很多种类的哦。

绿茶

红茶

乌龙茶（青茶）

白茶

黑茶

中国是茶的故乡，也是茶文化的发源地。中国茶的发现和利用已有4700多年的历史了。起初，人们采茶是取其药用价值。《神农本草经》中就有"神农尝百草，日遇七十二毒，得茶而解之"的说法。

元代戏曲作家武汉臣的《玉壶春》第一折中写道："早晨起来七件事，柴米油盐酱醋茶。"可见自古就把"茶"列入百姓日常生活重要的七件事之一。最早人们只是咀嚼茶树的鲜叶，后来发展到生煮羹饮，随之出现了制茶工艺。古法制茶分不发酵与发酵两种。不发酵茶的制作过程相对简单，发酵茶的制作流程与工艺较为复杂。

不发酵茶制作流程

从古至今流传下来的与茶有关的历史典故也不少。三国时期，东吴末代皇帝孙皓设宴款待宾客大臣，规定每人七升的酒必须全部喝完。耿直、忠诚的太傅韦曜只有二升的酒量。孙皓对他以礼相待，暗中赐给他茶代替酒。后来，在饭桌上，如果人们不想喝酒而又难却盛情的时候，就用"以茶代酒"以表尊重。

两晋南北朝以后，茶已不是一种单纯的饮品，而开始成为一种文化。无论是沏茶、赏茶、闻茶、饮茶还是品茶，都被赋予了超凡脱俗的美感。

点茶是兴盛于宋代的一种独特的沏茶方式。元祐四年(公元1089年)，苏轼来杭州上任。南屏山麓净慈寺的谦师闻讯后亲自赶来为苏轼点茶。苏轼品尝了谦师的茶后，感到非同一般，留下"道人晓出南屏山，来试点茶三昧手"这样的诗句。从此，"三昧手"就成了点茶技法高超的代名词。

刘松年《撵茶图》（局部）

刘松年《斗茶图》摹本

点茶完毕，如果只是一个人欣赏，未免太寂寞了；又如果马上就喝了，又辜负了点茶人下的那么多功夫，于是"斗茶"便成了文人墨客乐此不疲的娱乐游戏。三五友人，各取所藏好茶，各施其能，品茶评茶论高下。

不同地方的先民喜欢的茶不一样：南方人对绿茶、红茶、白茶、黑茶、青茶各种茶都很喜欢，但要细尝慢品才能体会不同品种之间的差异；而北方人则偏爱喝清香、发酵轻的茶，如绿茶、花茶、铁观音等。

当然，喜茶的诗人们也不忘作诗咏茶。

《一字至七字诗·茶》

唐·元稹

茶

香叶，嫩芽，

慕诗客，爱僧家。

碾雕白玉，罗织红纱。

铫煎黄蕊色，碗转曲尘花。

夜后邀陪明月，晨前命对朝霞。

洗尽古今人不倦，将知醉后岂堪夸。

想象一下诗的画面，是不是很美？

《山泉煎茶有怀》

唐·白居易

坐酌泠泠水，看煎瑟瑟尘。

无由持一碗，寄与爱茶人。

《寒夜》

宋·杜耒

寒夜客来茶当酒，竹炉汤沸火初红。

寻常一样窗前月，才有梅花便不同。

中国是茶文化大国，也是茶文明的发源地。如今世界许多地方的种茶、制茶和饮茶习俗，基本上都是从我国传播过去的。

据推测中国茶叶传播到国外，已有2000多年的历史。约公元5世纪的南北朝时期，我国的茶叶开始陆续输出至东南亚邻国及亚洲其他地区。到6世纪和7世纪时，朝鲜半岛有大批僧人到中国学佛求法，由此接触到饮茶，回国时便将茶叶和茶籽带回本国。

公元805至806年间，日本的最澄、空海禅师来中国留学，后来也带回茶籽播种于日本当地。其实，早在西汉时期（公元前202年—公元8年），连接地中海各国的陆上"丝绸之路"就已经将中国茶传播到了西方各地。今天，"喝下午茶"已成为许多西方人生活中休闲文化的一部分。

践

古人之行

古代人的点茶、斗茶程序虽然有点烦琐，但也不乏情趣，你想了解一下吗?

1. 炙茶：将保存的茶饼取出，放在微火上稍做炙烤，去除水分。
2. 碎茶：将茶饼用干净的纸紧紧地包裹起来，放在木质茶臼里捣碎。
3. 碾茶：把敲碎的茶块放入碾槽或石磨中，快速有力地将其碾成粉末。
4. 箩茶：将磨好的茶粉放入箩筛中，细筛几遍。
5. 置盒：将筛好的茶末置入盒中保存。

碎茶　　　　　碾茶　　　　箩茶　　　　　　置盒

点茶

1. 入盏：将干净水烧至沸腾，冲洗茶盏，趁着茶盏还有温度，拨入茶粉。
2. 注汤：用执壶注入少量的水，将茶粉调成均匀的茶膏。
3. 击拂：一边注水，一边用茶筅搅拌茶汤，使茶汤出现丰富而稳定的泡沫。
4. 置托：汤花呈现出好看的颜色后，将茶盏置于茶托之上。

斗茶

决定斗茶的胜负主要有两个标准。

一是汤色，即茶水的颜色。以纯白最好，青白、灰白、黄白次之。

二是汤花，即击拂时汤面泛起的泡沫。一看汤花的色泽要和汤色一致；二看汤花泛起后，水痕出现的时间，晚者为胜，早者为负。

宋代点茶茶汤

是不是很有意思？快和你的小伙伴每人选择一种茶，试着泡上一杯，来一场现代版的"斗茶"吧！

序号	茶的名称	看一看	闻一闻	尝一尝	给茶的优劣排序
1					
2					
3					
4					

析

科技内涵

茶 的 功 效 和 成 分

人们喜欢饮茶是因为茶对人体非常有益。茶主要含有咖啡碱、茶碱、可可碱、胆碱、儿茶素、酚类、醇类、醛类、芳香油化合物、维生素、蛋白质和氨基酸等，以及钙、磷、铁、氟、碘等多种矿物质。茶叶中的这些成分，不仅能提神醒脑、强身健体，还对多种疾病具有良好的辅助治疗功效，如绿茶能生津止渴，消食化痰，对口腔溃疡和轻度胃溃疡都有加速愈合的作用；红茶能生热暖腹，增强人体的抗寒能力，还可助消化、去油腻。

茶的滋味是复合型的，主要有四类物质构成了茶的苦涩鲜甜。

咖啡碱——苦味和鲜爽的主要成分；

茶多酚——涩感和生津回甘的主导物质；

氨基酸——鲜爽、甜味的主导成分；

茶多糖——甜味的主导成分，削弱苦味和涩味，缓和茶汤的刺激感。

茶 叶 发 酵 的 实 质

不发酵茶的存放时间比较短，比如人们常喝的龙井、碧螺春就只有一到三个月的保质期，如果存放时间过长就会使口感变差。而发酵茶则可以存放很久，如黑茶、普洱茶以及红茶等，存放时间越长，味道越好。

茶叶发酵的实质就是"生物氧化"的过程，即在一定温度、湿度和微生物的共同作用下，释放各种酶，促进茶多酚等物质氧化和改变。随着茶多酚不同程度的降解，茶叶的性状也逐渐温和，活性降低，所以发酵茶能起到养胃护胃的作用。此外，茶在发酵过程中还会出现一些颜色和性状的变化，如在茯砖茶表面出现的金黄色小球，俗称"金花"，学名叫冠突散囊菌。这种益生菌在生长繁殖过程中，分泌大量的酶，促进了茶的色、香、味的形成。

茶叶发酵程度与颜色、香气、滋味的关系

根据茶叶发酵的程度可将茶叶分为六大类。不发酵直接烘干，最大程度保留茶叶鲜度的是绿茶；轻微发酵的白茶和黄茶，比绿茶多了一分柔和；半发酵的乌龙茶（即青茶），创造出了千变万化的香气；全发酵的红茶是当今世界消费量最高的茶类；而发酵时间最长的则是黑茶。

颜色　茶叶泡出的茶汤颜色不同是由发酵程度轻重导致的，随着发酵程度的加重，茶汤颜色会越来越深，从绿——黄绿——金黄——橘红——红，茶色逐渐变深。

香气　随着发酵程度的加剧，气味由清香——花香——坚果香——熟果香——糖香。

滋味　随着发酵程度变化，茶的滋味也从香气清爽、略微苦涩逐渐变成甘甜醇爽、口感醇厚。

茶 香 的 来 源

茶叶的香气都是茶叶固有的，不同的香型是由茶叶中的不同香气物质形成的。

刚采下来的茶叶，并无芳香，只有一股浓烈的青草气味。在茶叶加工过程中，这种具有青草气味的物质不断挥发，大部分都散失了；而具有芳香味的物质由于沸点一般较高，能较多地保留下来，芳香扑鼻的优质茶叶就这样形成了。

茶叶的香气与茶叶嫩度、品种、季节、栽培生态条件和制造技术有很大关系：

细嫩的茶叶香气物质较丰富，粗茶、老茶常显粗青气；

乌龙茶、铁观音、黄金桂、大红袍、水仙、金萱等香气各具特色；

春茶往往清香比较突出，秋茶则通常带有花香；

海拔较高的高山茶园，云雾多，生态条件好，茶叶香气往往浓郁；低地茶园、土壤养分条件差的茶园，茶叶的香气一般比较淡。

观

后续发展

茶文化的延续

茶以其色、香、味给人带来美好的感官享受；茶也是一种文化载体，交融着中国人几千年的情感寄托与精神文明。以茶待客、客来敬茶，是我们传统的待客之道。小至日常家中、办公场所的茶水间，商务性茶空间，大至国际交流以茶款待，无不呈现着茶作为一种中国传统文化的符号，蕴含着表达礼意的文化内涵。

潮州工夫茶是中国茶艺中最具代表性的一种，是融精神、礼仪、沏泡技艺、评品质量为一体的完整的茶道形式。潮州工夫茶还被列入"国家级非物质文化遗产名录"。潮州工夫茶把三只茶杯围在一起，形成一个"品"字，有"品茶，品德，品人生"的含意，也凸显潮汕人注重品德，在乎人品。试想一下，四五个人围坐在一起喝茶，杯子只有三个，大家相互谦让，互动增加了，氛围就会变得更加融洽，人与人之间的感情交流也就更深了。

茶类食品

随着经济的发展，茶类食品的发展前景十分广阔。通过深度加工茶可以制成各类茶饮品、糕点和减肥茶等食品。例如有人把茯砖黑毛茶作为原料，经过传统工序制成全发酵茶，再对茶汤进行过滤、调配、杀菌、包装，推出了受市场欢迎的饮品。

绿茶饼

发酵茶的新功能

随着生活水平的提高，健康生活越来越成为人们的关注点。研究发现，发酵茶具有调节人体代谢和肠胃功能等作用。

抗氧化　茶叶提取物的抗氧化活性比维生素C和维生素E还强。因此，喝茶能预防由氧化损伤引起的衰老和癌症，增强免疫功能。

抗过敏、防龋齿　茶叶中的儿茶素有抗过敏功效，对海鲜、花粉过敏的人可多喝茶。茶叶中的茶多酚类化合物还可以杀死牙缝中的龋齿细菌，并使其难以附着在牙齿表面，从而预防龋齿。

降血脂　茶叶中的茶多酚能促进脂肪代谢，在一定程度上降低血脂。此外茶叶中的维生素、纤维素等成分也能促进胃肠蠕动和脂肪排泄，因此高脂血症患者可以适当喝茶。

加工工艺现代化、智能化

近年来，随着人们生活水平的提高和茶产业的快速发展，茶叶的加工工艺水平不断提高，装备也更加精良。从单动力和开放式齿轮传动到半自动、自动机械，之后又开发了滚筒杀青机、揉捻机、烘干机等。后来科研人员有针对性地研发了集摊青、杀青、揉捻、握堆、烘干等为一体的黑毛茶全自动化生产线，逐步向智能生产迈进。

腐乳

探 文化之源

你吃过腐乳吗？腐乳是一种传统发酵食品，也是民间一道经久不衰的佳肴，深受中国百姓的喜爱。咸、香、软、糯、鲜的腐乳入口即化，不仅可作为美味可口的佐餐小菜，还可以作为烹饪中的调味料，做出多种美味佳肴。

腐乳根据颜色的不同，可分为青方、红方、白方三大类。其中，我们熟悉的臭豆腐乳就属于"青方"。

喝粥　　　　　　　　　涂馍

烧肉

最早的腐乳可能是先民在不经意间发现的：家里的豆腐放久后长出了白毛，又不舍得扔，就把长了毛的豆腐放入缸中腌制起来。放了几个月后的豆腐虽然闻起来臭，但吃起来味道却很鲜美。此后，先民开始有意识地制作腐乳了。

腐乳又称豆腐乳、乳腐、酱豆腐，至今已有1500多年的历史了。早在公元5世纪，北魏时期的古书上就有"干豆腐加盐成熟后为腐乳"的说法。

传统制作腐乳的场景

腐乳的制作可分为以下几个步骤。

1. 发酵

在制作腐乳的过程中，豆腐要经历两次发酵。第一次是将豆腐切块码放进行发酵，得到通体长满白毛的毛豆腐，有些地方也称霉豆腐。

2. 搓毛

将毛豆腐分块、搓毛，就是用手将白毛的菌丝搓倒，让这层毛包住豆腐块。

3. 拌料

接下来再进行拌料，即加入由酱油、盐和红曲酒及其他辅料制成的卤汤。

4. 装坛

将豆腐一层一层装入坛内，分次灌汤，密封贮藏。经二次发酵后，腐乳鲜香味美。

大江南北不同地方的人做出了各种风味、各具特色的腐乳。江浙一带，如绍兴、宁波、上海、南京等地的腐乳以细腻柔绵、口味鲜美、微甜著称；四川大邑县的唐场豆腐乳川味浓郁，以麻辣、香酥、细嫩无渣见长；四川成都、遂宁、眉山等地所产的白菜豆腐乳，每块腐乳用白菜叶包裹，味道鲜辣适口；河南柘城的酥制腐乳则更是醇香浓厚，美味可口。据说，著名的绍兴腐乳在四百多年前的明朝嘉靖年间就已经远销东南亚各国。

践

古人之行

想不想自己动手做一份腐乳，请家人一起来品尝？只要你按照下面的步骤，就可以实现你的愿望。

1 切块

将老豆腐切成小块，每块长宽高约3厘米左右，均匀分开摆放在篦子上。

2 加菌

将适量的腐乳曲粉均匀地撒在豆腐块上。

3 发酵

将沾好腐乳曲粉的豆腐块盖好盖子，等待2~3天。

4 混料

将发酵好的毛豆腐与调制的香料、盐等均匀混合。

5 装瓶

装瓶封口，再发酵一个月以上即可食用。

想要使成功率更高，还需要把握制作过程中的几个关键点：

一是腐乳曲粉可在超市或菜市场事先购买，根据说明书适当取量。二是对需要使用的器皿进行清洗，并蒸煮消毒，充分冷却沥干之后再使用。三是发酵过程中的温度要控制在15 ~ 25℃，冬天发酵时间需要3 ~ 5天；夏天，发酵时间约2天。

在第4步时，你可以根据自己的口味，自行调制腌制毛豆腐的酱料。

析

科技内涵

毛霉菌的贡献

　　发酵后的豆腐上长满浓密的白毛，会让人联想到毛茸茸的小动物。事实上，这里的确有生命！在豆腐发酵过程中有许多微生物参与其中，包括青霉、酵母、曲霉、毛霉等，而起主要作用的是毛霉。我们看到的白色细丝，其实就是毛霉的菌丝，是它们赋予了豆腐新的活力！

　　毛霉是一种有着柔软细丝的真菌，它的分布很广，存在于土壤、禾草、空气等环境中。如果仔细观察显微镜下的毛霉，你会发现，在浓密纯净的白毛上面均匀分布着一些球形颗粒，这就是毛霉用来繁殖的"孢子囊"。这些孢子囊就像怀孕的妈妈一样，成熟后会破裂释放出"肚子"里的新孢子，新孢子可以继续长成带有白色菌丝的新毛霉。你说，毛霉的繁殖方式是不是很特别？

　　很多人都会"谈霉色变"，那长霉的豆腐还能吃吗？实际上大可不必担心。毛霉能把豆腐中大分子的蛋白质分解成人体容易吸收的小分子物质。这些小分子物质不仅能使味道变得鲜美，而且还是对人体有益的营养物质。

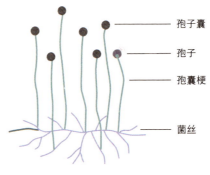

毛霉结构图

二次发酵的奥秘

　　豆腐在接种毛霉后表面长出白毛的过程是第一次发酵，只有在此基础上，再进行二次发酵，豆腐才能真正变成美味的腐乳。

　　二次发酵开始前，先要用手将毛霉的菌丝搓倒，就是为了让这些白毛完全依附在豆腐上，使毛霉和豆腐能更好地结合在一起；然后给毛豆腐逐层加盐腌制，这样不仅能析出豆腐中多余的水分，还能抑制其他微生物的生长，防止豆腐腐烂变质；最后一步给豆腐加上辅料、封坛。在二次发酵过程中，毛霉与其他微生物共同作用，进一步分解蛋白质，同时生成一些有机酸、酯类等物质。只有这样，腐乳特有的色、香、味才能形成。

分化出浓郁的地方特色

腐乳流传千年，至今仍然深受百姓喜爱。腐乳界也算是"卧虎藏龙"之地，在中国的很多地方，都有自己不同的腐乳制作工艺，做出的腐乳味道也各有千秋，并经过不断创新，形成了自己独特的品牌。

老北京臭腐乳

四川白菜腐乳

重庆麻辣腐乳

江浙玫瑰腐乳

生产工艺的进步

尽管腐乳的生产工艺主要还是沿袭传统做法，但研究人员仍然在有些方面做出了改进和创新。一是通过调整微生物及其代谢产物来酿制新品种，如用菠萝蛋白酶生产腐乳。二是在盐腌腐乳的后发酵期，通过添加酵母来缩短腐乳的生产周期。

另外，智能化全自动腐乳生产线已经形成，生产过程全部由电脑控制，工艺流程更加精细化、标准化、高效率，大大降低了人工成本。

毛霉的应用前景

毛霉对人类生活的影响还远不只是营造美味那么简单呢！卷枝毛霉近年来就受到化学工业的特别关注，因为从其真菌丝培养物中提取出的油脂，可以转化为生产微生物柴油的原料。毛霉还能把许多人们难以直接利用的碳源（如农业生产中的废料残渣）转化为生产燃料，同时还能起到富集和治理水中污染物的作用。看来，霉菌还是很厉害的"迷你环保卫士"呢！

真菌生物量（湿）　　真菌生物量（干）　　微生物柴油

卷枝毛霉的应用

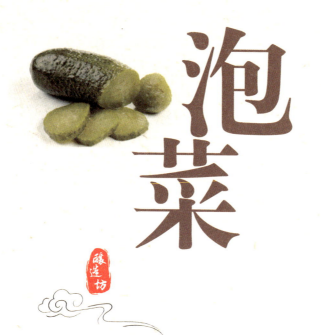

泡菜

你吃过泡菜吗？味道如何？爽脆？咸酸？辣甜？麻鲜？可能这些词汇都难以准确表达，因为泡菜的种类实在太多了。

酸豇豆

酸萝卜

酸黄瓜

泡椒

泡大蒜

酸白菜

泡仔姜　　　　　　　　　榨菜

这么好吃的泡菜是谁发明的？

　　泡菜起源于中国。《诗经》中有"中田有庐，疆場有瓜，是剥是菹（zū），献之皇祖"的诗句。庐和瓜是蔬菜，剥和菹是腌渍加工的意思。可以认为这是对古代盐渍菜最早的记述，它的出现也应该在《诗经》产生之前的、距今3100年的商周时期。汉朝许慎在《说文解字》中解释说："菹，酢（cù）菜也"。酢就是变酸、腐败的意思。由此可见，古代称酸菜为"菹"。当然泡菜也属菹之列。

　　中国泡菜以四川泡菜为代表。四川人做泡菜要先调制泡泡菜的水，也叫"母水"，就是在花椒、干红辣椒、老姜、蒜瓣等底料中加入足够多的盐，一起放入泡菜坛中，再倒入凉开水。然后将洗净的各类蔬菜装坛，水要没过所有的菜和作料。最后将坛盖盖严，在室温下静置发酵十天左右。四川泡菜菜式丰富，口感酸辣清脆。

　　"泡菜"在东北又称"酸菜"。腌制时，先挑好白菜，去除残根烂叶，在太阳下晒几天；然后用清水洗净，在大缸里摆放整齐，再在菜顶压一个大石头；最后加入凉开水浸腌，用水或盖子将容器密封。在寒冷的季节，白菜发酵成功大约需要30天左右。东北酸菜口感酸爽甜辣。

母水泡菜

腌制酸菜

贵州酸菜制作时不使用食盐，而是加入玉米面水和酸料，冬季置于火炉旁，盛夏置于阴凉处，24小时后即可开坛食用。酸菜颜色自然，味道清淡，酸味醇和，久贮不坏。

贵州酸菜

晚清时，川南、川北地区还将泡菜作为嫁妆之物，凡是有女儿出嫁的人家，都要赠予婆家上好的泡菜。巴蜀地区有句俗语："嫁妆没泡菜，女儿头难抬。"至今，在四川的一些地方还保留着这种习俗，足见泡菜在人们生活中所占的地位。

公元753年，唐代高僧鉴真和尚第六次东渡日本，把我国泡菜的制作方法传入日本，现在日本家喻户晓的"奈良渍"就是鉴真所传。至今日本还流传这样的诗句：豆腐酱菜数奈良，来自贵国盲圣乡（盲圣是日本人对鉴真的尊称），民俗风气千年久，此地无人不称唐。

韩国是食用泡菜的大国。可韩国泡菜也与中国渊源颇深。韩国最早的泡菜源自重庆渝北区大湾镇。唐朝名将薛仁贵率军出征位于朝鲜半岛的高丽。他的随从里就有多名重庆人，会做家乡泡菜，重庆泡菜由此进入朝鲜半岛，并逐渐被朝鲜半岛百姓所接受。

奈良渍

韩国泡菜

中国泡菜历史悠久，流传广泛，已经远远超越了一道佐餐菜肴，而升华成为一种特有的传统与文化，成为中国人生活中不可或缺的部分。

中国泡菜博物馆

泡菜的制作工艺是我国悠久而精湛的烹饪遗产之一。想不想自己亲自动手做一次泡菜？按下面的步骤，就可以实现你的愿望。

1 准备原料

各种应季的蔬菜（豆角、白菜、黄瓜、萝卜、红椒等），凉开水，食盐，姜片，花椒，料酒，冰糖。（还要准备一个有盖的坛子。）

2 调辅料

水烧开后放凉，加入食盐（1000克水加100克盐），待盐完全溶解后，加入姜片、酒、冰糖、花椒，搅拌均匀。

3 装坛

将盐水倒入泡菜坛中（淹到坛子的五分之三为宜），再将洗净晾干切好的蔬菜放入坛中。

践
古人之行

4 密封

盖上盖子后，在坛口周围水槽中倒入适量清水。水槽要保持清洁，并经常换水注满。

5 发酵

放在通风、阴凉处15天左右（冬夏季有所不同），泡菜便发酵而成。

泡菜为什么会渗出水来

细心的人会发现，在泡菜制作的过程中，容器里的汁水会逐渐增加。这些多出来的水来自哪里呢？这可与植物细胞有关哦！植物的细胞由细胞壁、细胞膜、细胞质构成，其中的细胞壁和细胞膜能让水分通过。当细胞外的盐分大于细胞内的盐分时，细胞质中的水分就会透过细胞壁和细胞膜渗到细胞外。在腌制泡菜时，我们往里面加的食盐使植物细胞外液体的含盐量高于细胞质的含盐量，于是水就会从植物的细胞质里跑出来，混入卤水中。

植物细胞结构图

泡菜酸味产生的原因

不同种类的泡菜味道并不一样，既含有蔬菜本身的味道，也含有加入的一些调料的味道，如食盐的咸、花椒的麻、葱姜的香、辣椒的辣。同时，泡菜还含有一种特殊的酸味。这种酸味可不是人们加进去的，而是在发酵过程中形成的。原来，泡菜的发酵液里还有酵母菌、乳酸菌、醋酸菌、青霉等

析

科技内涵

多种微生物，在大量繁殖的过程中会产生乳酸、醋酸等物质，使食材带有酸味。同时产生的乙醇、高级醇、芳香族酯类、醛类、硫化物等，赋予了泡菜独特的味道。

乳酸菌

泡菜易保存的秘密

　　泡菜是世界上最早的贮存蔬菜的好方法，主要依靠的是乳酸菌的发酵作用。乳酸菌是非致病性细菌，在使食物发酵的过程中不形成任何毒素或毒性物质，还能产生大量的二氧化碳，使发酵容器内缺氧，阻止耗氧微生物的繁殖，食材便不易腐烂。同时，乳酸菌产生的乳酸是酸性物质，也会抑制其他杂菌的生长，延长食品的保存期。

"老盐水"的独特之处

老盐水，也叫作"母水"，特指成功发酵一次以上的泡菜汁。老盐水用的次数越多，泡出的菜就越清香鲜美。这是因为经过多次使用，老盐水中的乳酸菌和其他益生菌含量会越来越丰富。用这样的老盐水做泡菜，味道就特别鲜美。

简单实用的封口法

制作泡菜最关键的步骤是发酵。能让泡菜发酵的微生物生长不依靠氧气，但造成食物腐败变质的有害菌则相反。在发酵时，为了不让有害菌存活和繁殖，古人想到了简单实用的水封法：在凸出的坛口下方增加一圈凹形坛沿，从而形成一圈可盛水的水槽。先往水槽里注水，然后把碗倒扣进水里。由于水能阻隔空气，有害菌需要的氧气就被隔在了容器外。如果一段时间后，水蒸发了一些，只要及时添加即可。

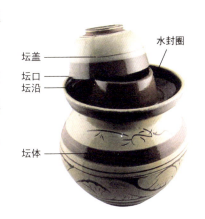

坛盖
坛口
坛沿
水封圈
坛体

陶瓷泡菜坛

观

后续发展

不断提高的饮食地位

虽然泡菜只是一个配菜角色，但因其风味特殊营养丰富，泡菜仍然受到世界各地人们的追捧，对它的研究也一直没有停止。20世纪70年代，法国还专门举行了一次世界级的酱腌菜评比大会。中国涪陵榨菜、法国酸黄瓜、德国甜酸甘蓝并称为世界三大泡菜。

如今，人们吃泡菜的观念已经发生了改变。过去腌制泡菜只是为了应对冬季没有生鲜蔬果的状况，而今，人们不仅享受泡菜的美味，更多考虑的是补充丰富的维生素、膳食纤维和有益菌等有利于健康的因素。

低盐药膳保健泡菜

传统泡菜属于高盐食品，且含有少量亚硝酸盐等对人体有害的物质，不宜多吃和长期食用。随着人们健康理念的提升，对食品的要求也越来越高。生产企业不断改进泡菜制备方法，研发新型泡菜配方和工艺。如采用优良乳酸菌纯种发酵法，降低泡菜中亚硝酸盐的含量，同时还在发酵过程中加入中草药，推出新型药膳保健泡菜等。

药膳凤爪

现代化生产和检验

随着时代的进步和科技的发展，泡菜制作早已从传统家庭作坊走向了企业的规模化、标准化、机械化生产，并逐步向智能化转型，以推动泡菜产业的提档升级。为了确保泡菜的质量和安全，出厂之前要经过专业的仪器检测，如亚硝酸盐分析仪、气相色谱仪、液相色谱仪等，严格把控亚硝酸盐含量；此外还利用X射线异物检测机对罐装泡菜进行探测。真正成就了"小泡菜，大产业"。

馒头

馒头是中国的传统面食之一。馒头源于中国，历史悠久。宋代高承在他的《事物纪原·酒醴饮食·馒头》中说，据古人的笔记记载，馒头出自三国蜀汉诸葛亮之手。

当年诸葛亮率军南渡泸水讨伐孟获。根据当地的习俗，大军渡江之前必须以人头祭祀河神。诸葛亮命人将面裹肉蒸熟，代替人头投入江中。诸葛亮将其命名为"瞒头"，即欺瞒河神之假头之意。后人则把这样的食品称作"馒头"。

石磨的发明，使小麦的精细加工成为可能。用碾磨后的小麦粉做成的馒头吃起来口感更好。因此，无论是百姓或官宦人家的餐桌上，馒头这样的面食都寻常可见。

探

文化之源

传统的馒头是用老面自然发酵而成。所谓老面，就是上次做馒头留下的面团。用老面作为"酵头"，把它化在水中，与面粉搅拌均匀揉成面团，经过成型、醒发、蒸制，馒头便制作而成。老面馒头蓬松度较好、麦香味浓、嚼劲十足。

　　古时候的馒头多指包有馅料的蒸制面食，相当于现代人说的包子。宋代时的街市馒头品种丰富，有四色馒头、糖心馒头、羊肉馒头、鱼肉馒头等。至今，在南方的一些地区仍然沿袭古名，把有馅的面食称为"馒头"。到了清代，实心馒头成了正宗，有馅的反而成为"异类"。

有馅馒头

实心馒头

　　馒头还有另外一些别称："馍""馍馍""蒸馍"。在我国北方的广大地区，凡是经过蒸、烙、煎、烤后的无馅面食，如馒头、煎饼、花卷等，都称为"馍"。

用食物来传情达意是中国人饮食文化中最为温情的部分。各种面食不仅是最平常的食物，还在风俗礼仪、祭祀贡品、年节饮食中担当着特有的民俗功能。

满月　当新生儿出生以后，许多地方的人家都有办满月酒的习俗，前来庆贺的亲朋好友会带上馒头去"看月"，大家都希望新生婴儿像馒头一样白白胖胖，健康可爱。

婚礼　北方的有些地区，在新人的婚礼仪式中，雪白的馒头是一个非常重要的角色。如果这家的馒头又白又大，意味着这桩婚姻美满幸福、阖家欢乐。

祝寿　在神话故事中，西王母娘娘做寿时设蟠桃会款待众仙。为什么用桃祝寿呢？《神农本草经》中有"玉桃服之，长生不死"的记载。但由于桃是比较珍贵的时令水果，普通百姓家中很难见到，于是人们就用馒头做成"寿桃"，希望家中的长者能延年益寿、长命百岁。

祭祖　中国人过节总不会忘记祭拜死去的先人。在我国家庭祭祀活动中馒头的应用较为广泛。早在西晋时的《饼赋》就曾写道："三春之初，阴阳交际，寒气既除，温不至热，于时享宴，则馒头宜设。"

　　上梁　盖房子历来是百姓家中的一件大事，自然少不了各种各样的风俗礼仪，"抢上梁馒头"就是其中一出重头戏。当新房盖好准备上梁的这一天，房子的主人会让木匠师傅把馒头从梁上往下抛，众人纷纷争相取食。人们认为吃这样的馒头会大吉大利。

想不想用传统的发酵技术做一次馒头？相信你掌握了这一技能后一定可以大展拳脚，赶快动手试试吧！

古人之行

1 做"老面引子"

取面粉50～100克，放入洗净烫好的饭盒中，加适量50℃左右的温水，用筷子搅拌均匀，大致成面团状即可。盖上密封盖子，在室温下放2～3天，面团自然发酵后，老面引子就做成了。（老面引子的特征：面团变大，有明显的酸味。）

也可以向家门口的烧饼店店主要一块"老面"哦！

2 和面

把老面引子放入装有温水的盆内，用手抓一抓，让老面充分溶解。将调好的老面水，少量多次地加入到面粉中，把面揉成光滑的面团。

3 发酵

将和好的面团用保鲜膜包起来，放置于温暖处发酵两小时左右，当面团体积膨大至未发酵前的两倍即可。拨开面团，还能看到很多气孔呢。

4 整形和醒发

取适量的食用碱装入碗中，用温水溶解，一点点揉进面团中。在案板上撒适量的面粉，将发酵好的面团再重新揉一次，用刀切成几段后捏成想要的形状。（老面发酵一定要加食用碱，不然做出的馒头会发酸，在发面中加碱可以中和酸味。）馒头整形后盖上湿布，不要忘记二次醒发。夏天的醒发时间约20分钟，冬天约30分钟。可用手指轻按馒头坯来判断，有弹性即可。

5 蒸制

锅内放入凉水，在蒸笼上铺好打湿的纱布，大火烧开，将馒头依次放入蒸笼内，盖上锅盖，大火蒸10～15分钟即可。

馒头能否蒸好，有两个关键点要注意：

一是发酵得当。用手指沾上面粉插入面团中，手指抽出后，指印周围的面团不反弹、不下陷，说明发酵刚好；如果指印周围的面团迅速反弹，说明发酵时间还不够；如果指印周围的面团迅速下陷，则面团发酵过度。

二是把握开盖时机。关火后不要立即打开锅盖，等3分钟后再开盖。此时锅内外蒸气压力接近平等，馒头内部空隙中的气体能很好保留，这样蒸出的馒头就是圆滚滚的，否则不仅会变瘪，还会影响馒头的口感。

析

科技内涵

面团发酵的奥秘

面团发酵，首先要归功于揉面。大人们总说揉面是一个"力气活"，面团越揉越有韧劲。为什么一定要反复揉面呢?

因为揉面可以促进面筋的形成。面粉加水以后，通过不断地揉面，面粉中的蛋白质会渐渐聚集起来，形成面筋。面筋有着致密、充满弹性的结构。它可以包裹住气体，形成无数微小的气孔。经过蒸制后，面筋形成坚固的组织，就像房子里的"钢筋"一样，为面团提供了可支撑的结构。如果想亲眼看见它，只需要把面团中的淀粉和其他成分全部洗掉，剩下的就是面筋啦!

面筋

酵母菌的功劳

其实面团里这些孔隙的形成依赖于酵母菌的活动。酵母菌也是一种微生物，广泛分布在空气和水中。面粉里就含有天然酵母。

小小的酵母菌的发酵本领却非同小可，它们可以利用面团里的氧气，将淀粉消耗掉转化为糖，并释放出二氧化碳气体。即使在缺氧的环境中，它们也能把葡萄糖分解成酒精并继续释放二氧化碳气体。但由于面团有一定的韧性导致这些气体无法溢出，留在了面团里面，从而产生一个个大小不等的气孔，面团就像一个被充了气的气球一样慢慢变大了。

　　到了后面的蒸制或烘烤阶段，面团中的二氧化碳气体在加热过程中，又受到热膨胀作用，体积不断变大，所以最后制作好的馒头就变得更加松软、香甜。

观
后续发展

新品种不断涌现

馈头作为中国传统食品文化的宝贵遗产，在其漫长的发展历史中显示了强大的生命力，如今已深深地融入中国人的日常生活。各具特色的馈头品种层出不穷，不仅适合一些特殊人群食用，也是健康人群的良好保健食品。

例如营养馈头，将一些营养物质添加到馈头配料中，使馈头具有特殊的保健功能，比如，添加矿物质钙、锌及维生素、蛋白质或氨基酸、食用纤维等。还有在配料中添加荞麦面、山芋面、南瓜粉、胡萝卜粉等原料生产的营养馈头。

杂粮馈头

智能集约化生产

随着人们生活水平的提高，生活节奏的加快，馒头生产已经逐步从纯手工制作发展为机械化生产。很多馒头生产企业实现了规模化、产业化。

新型馒头生产设备以智能仿生、节省人工为设计理念。这样既能在馒头品质上全面超越手工馒头，同时在生产能力、自动化程度、产品稳定性、食品安全卫生等方面也得到提升，实现了连续、无人化生产。自动控制系统代替了烦琐的人工操作程序。

研究新课题

作为市场消费量极大的商品，与面包相比馒头存在一定的劣势，这就是馒头的保质期问题。因为馒头是蒸制而熟，产品的水分含量较高（一般在35% ~ 40%），灭菌温度在110℃以下，所以产品在室温以上温度存放时，24小时之内就可能会出现霉变。还有，因为馒头未添加防老化原料，所以冷却后较易回生变硬，影响口感和风味。这些问题也成为食品界攻关的课题。科学家们认为，随着食品技术的发展，新的工艺和配方必将会解决馒头的这些问题。

腊肉与火腿

每到寒冬腊月，各家各户便开始忙忙碌碌腌腊肉、灌香肠、片火腿，准备过年啦！用腊肉做成的菜肴散发着特有的香气，肥而不腻，口有余香，是许多年夜饭桌上必备的菜肴。

腊肉与火腿等发酵肉制品是中国民间喜爱的传统美食，也是人们相互馈赠的佳品，在中国有着悠久的历史。古代物质匮乏，逢年过节杀的家畜和平时打的猎物，一时间吃不完，又不能浪费，人们便想尽办法做成可以长久储存、不易变质的肉制品。

腌制腊肉

相传在上古时，人们于农历十二月合祭众神叫作"腊"，因而十二月叫腊月。腊肉，就是在冬天将肉类以盐渍经风干或熏干制成而得名。早在周朝的《周礼》《周易》中已有关于"肉脯"和"腊味"的记载。当时，朝廷有专门管理加工干肉，并负责供祭祀、待宾客、办丧葬的人，被称为"腊人"。民间也有在冬至这一天

熏制腊肉、火腿并祭祀祖先的
习俗。

腊肉用来祭祀

中国的火腿历史悠久，倘
若追根溯源，也是在腊肉的基
础上发展而来的。如北魏贾思
勰《齐民要术》"作五味脯法"
中就提到，将家猪肉的条、块、大片，浸入加有盐、豆豉、葱白、
椒、姜等多种调料的用牛羊骨头煮成的冷汁液中，浸三天，或等腌
透后取出，用绳子穿起，悬在朝北的屋檐下阴干待用。

腊肉

火腿

在民间，学生也用成束干肉赠给老师作为学费或聘礼，这种干肉
称为"束脩（xiū）"。据《礼记·少仪》记载："其以乘壶酒、束脩、
一犬赐人。"这样的习俗，早在孔子的时候已经实行了。后世遵循儒家
文化的先生们，为了表达对先师的尊敬，在收徒时也会要求学生们送
一束腊肉。久而久之，腊肉成了一种约定俗成的拜师礼物。

自宋代以后，腊肉已经成为宫廷贡品和老百姓春节餐桌上不可
缺少的美味佳肴。民间甚至有"北方吃饺子，南方吃腊肉"的说法，

可见腊肉在民间的普及程度可与饺子相比。经过不断地总结和改进，人们创造出各地别具一格、风味独特的腊味。"中华三大名腿"——浙江的金华火腿、云南的宣威火腿和江苏的如皋火腿就历代传承、声名远扬。腊味的品种也极为丰富，有腊肉、火腿、腊肠、腊狗、腊鸭、腊鸡、腊蛋等品种。

浓浓的腊肉香，不仅仅是一种味道，更是一种生活，犹如家乡的民风，憨厚而又淳朴，它少了一份华丽，多了一份朴实，凝聚着亲情的挚爱。每逢农历新年，忙碌了一年的人们相聚在一起，房梁上挂满了诱人的腊味，饭桌上飘散着浓浓的腊香，怀着对美好生活的向往，过上一个红红火火的大年。

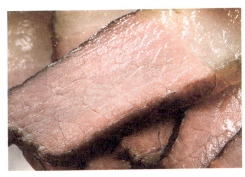

腊肉

腊肠

践
古
人
之
行

1 准备

将带皮五花肉分割成大小一致的条状，洗净后晾干放入容器中。

2 腌制

取生抽90克、老抽70克、盐50克、冰糖30克、白酒30克，花椒、八角适量，拌匀后倒入五花肉搅拌，让每块肉能均匀泡到酱汁，然后放置于冰箱或者阴凉处腌制3～4天。

3 风干

将腌制好的肉置于干燥处风干10天以上。风干好的腊肉表面会形成一层油膜。可冷冻保存起来。

4 取食

需要食用时，取一块洗净表面，切片。入蒸锅蒸30～40分钟，芳香四溢的腊肉就可以端上桌了！

制作腊肉、火腿依据的原理主要是脂肪的水解和氧化，当然微生物发酵也是重要的因素。

酿造大师与安全卫士

你们不知道吧！腊肉的加工过程看似简单，其中却有着极为复杂的微生物活动。特别是发酵过程中的有益微生物，它们的生长代谢对腌腊肉的防腐和特有风味的形成极为重要。这些有益微生物主要为乳酸杆菌、葡萄球菌、微球菌，以及少量酵母和霉菌。它们既是有着不同本领的酿造大师，也是时刻守护着腊肉品质的安全卫士。

首先介绍的酿造大师就是乳酸菌。能将葡萄糖或乳糖发酵产生乳酸的细菌统称乳酸菌，是益生菌的一种。我们都知道，腌制食品中亚硝酸盐含量过高会对身体产生不利的影响，而乳酸菌产生的乳酸不仅可以赋予发酵肉制品特殊的风味，还可以降低肉制品的pH值，促使亚硝酸盐的分解，可以保障发酵肉制品的食用安全性。

乳酸菌

接下来要介绍的是微球菌和葡萄球菌。它们能加快肉制品形成色泽鲜艳、红白分明的颜色，也能很好地抑制病原菌和腐败菌的生长。

最后要说到的是参与发酵的"常客"——霉菌和酵母菌。霉菌依赖有氧气的环境，往往存在于发酵肉制品表面，能够抑制有害菌生长并且使腊肉具有特殊的香气。酵母菌在发酵时可吸收掉肉质内部残存的氧气，从而能够抑制发酵肉制品氧化酸败，还能阻止有害微生物的滋生，另外对腊肉风味的形成有促进作用。

独 特 风 味 的 来 源

肌肉中的蛋白质和脂肪在微生物和酶的共同作用下，水解成游离氨基酸和脂肪酸，再进一步相互作用就让腊肉与火腿具有了浓郁的香味和独特滋味。这些营养成分不仅让肉香四溢，还特别有助于人体消化；既保证了营养，也具有一定的保健作用。

人工接种有益菌替代自然发酵

由于自然发酵的肉制品依靠原料自身微生物菌群中的乳酸菌与杂菌的竞争作用，存在生长周期长、产品质量难以控制等缺点。为了缩短生产周期，控制发酵过程，人们发展出人工直接接种有益菌来替代肉制品的自然发酵。

新型护色剂

目前在国内外，亚硝酸盐一直被用作肉制品的护色剂。它不仅使肉制品获得理想的色泽，又可以改善风味、抗氧化和延长保质期。然而，亚硝酸盐会在胃中形成致癌的N-亚硝胺。一些不法生产商为了保持肉品的色泽，非法增加亚硝酸盐的用量，这使得肉制品亚硝酸盐残留量严重超标，加大了肉制品中亚硝酸盐的致癌性风险。因此，寻找替代亚硝酸盐的护色剂，减少亚硝酸盐使用量越来越受到关注。由于亚硝酸盐的功能多样性不可能被某种单一的成分所取代，因此目前的研究主要集中在研制多种成分替代物方面进行。

腌制工艺的改进

火腿的现代生产技术中使用了自动揉制设备。鲜肉腿经过上盐后放置于辊揉设备入料端的输送带上，在通过辊揉区域的过程中，反复受到托板和压辊的挤压，使内部组织结构得到舒缓，促进火腿血水的排出和盐分的渗透，提升火腿的腌制质量和效率。

新型肉制品腌制方法也比传统工艺有了重要革新。

一种是注射腌制法。这是随着食品机械的发展而产生的，是目前较先进的腌制方法。其工艺是将配好的腌制液，通过注射机直接送入肌肉内部，然后放入辊揉机中进行辊揉，这样能使腌制液在肌肉组织中充分均匀地分散。注射腌制法具有腌制液分散快、腌制周期短、效果好、效率高等优点，因而在肉制品现代加工中广泛使用。

还有一种真空腌制法。即在真空下进行肉的腌制。通过这种方法，可以使腌渍液迅速地渗透到肉的组织中，从而大大缩短腌制的时间。真空腌制能使肉的结构变得松弛，达到嫩化效果，还能改善肉的外观和提高出品率。

栅栏因子

发酵肉制品要想达到既能长期储存又卫生、安全，其内部必须存在能够防止食品所含腐败菌和病原菌生长繁殖的因子。

这些因子通过打破微生物的内平衡而抑制腐败与毒素的产生，保持食品的品质，这样的因子被称为栅栏因子。研究者发现可以从不同方面抑制食品中腐败菌的生长和繁殖，如水分活性、温度、天然防腐剂等。

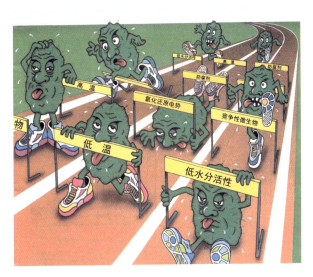

食品栅栏因子